Gudrun Stoewer (Hrsg.)
Ein Flügel streifte mich

ROSEN-BIBLIOTHEK
Band 19

INHALT

ZUM GELEIT

DER WUNSCH

Flügel möchte ich besitzen,
Bis zum blauen Himmel dringen,
Wo die schönen Sterne blitzen –
Schöner Engel, schenk' mir Schwingen.

Als der Engel mich vernommen,
Griff er in die Silbertruhe –
Und was habe ich bekommen?
Gute, feste Wanderschuhe!

Hedwig Diestel (Lit. 17)

AUF DER SUCHE NACH DEM ENGEL

Eine Erzählung und zugleich eine Einführung

Am Ende seines Lebens erzählte er: »Ja, natürlich war ich mein ganzes Leben lang auf der Suche nach meinem Engel! Als ich noch ein Kind war – und der Himmel über mir offen stand –, da streiften mich seine Flügel wieder und wieder. Meine Augen waren licht für seine Spuren und meine Ohren gestimmt für seine Worte. Er war mir Führer im Hier und Dort. In Bedrängnissen spürte ich seine sacht leitende Hand und Zukunftssicherheit umgab mich *(Kapitel I)*.

Wie es weiterging, wollt ihr wissen? Nun: Im Gestrüpp des Lebens verlor ich den Gefährten der frühen Zeit. Ich erblindete meinem Engel, meine Ohren ertaubten seiner Stimme, und plötzlich stand ich schutzlos da! Nur die Erinnerung hielt mich und ich flehte dann und wann: ›Nimm meine Hand; wende dein Antlitz mir zu, breite die Flügel um mich!‹ Doch er verhüllte sein Angesicht und die Schwere der Verlassenheit überfiel mich. Da breitete ich ein Tuch aus Gebet über das Gewirr meines Lebens – bei Tag und bei Nacht.« *(Kapitel II)*

Eine Weile lauschte der Alte seinen eigenen Worten nach, dann fuhr er fort: »Unversehens geschah es dann – an einem sonnenhellen Tag: Ein Flügel streifte mich, ein Schatten wehte

her und ich habe ihn gesehen! – Nun erwartete ich erneutes Hin- und Wiedergehen. Doch das war nicht der führende Wächter meiner Kindheit, nach dem ich mich so sehr sehnte! Ich musste mit ihm ringen, wie Jakob mit dem Engel rang, und langsam haben wir einander erkannt. Die durchbrochene Grenze – war das sein Werk oder das meine? Ich lernte das Leben neu und entdeckte den Engel hinfort auch auf der Straße und in des Nachbarn Gestalt *(Kapitel III).*
Was soll ich noch erzählen? Nun: Im Weiterschreiten meines Lebens wurde mir offenbar, wie des Himmels Wille an mir geschah und ich gab meinen eigenen Willen darein. Mein gottgesandter Freund führte mich immer wieder an die Schwelle.
Nun rundet sich bald der Kreis und ich gehe auf die Ernte zu. Dort wartet der hohe Engel mit der Waage, Sankt Michael. Dann werden wir den Aufstieg wagen, mein himmlischer Begleiter und ich. Und es wird mir sein, als ob ich nach Hause komme.« *(Kapitel IV)*
So endete der Bericht des Alten. Doch fügte er noch hinzu, dass er – zurückschauend – vier Zeiten durchlebt habe:

die Zeit der Engelgegenwart und des Vertrauens;
die Zeit des Mangels und der Suche;
die Zeit der Neubegegnung und des Ringens;
die Zeit des Einklangs und der Segnungen.

So weit die Erzählung! Im Anschluss daran nun einige Hinweise der Herausgeberin: Man möge nicht erwarten, dass jedes einzelne Gedicht ganz genau nur in den Rahmen eines bestimmten Kapitels passt – manche Gedichte sind durchaus austauschbar. Es gibt Vorgriffe und Rückgriffe; auch ereignen sich ab und zu leichte Brüche im Fortgang. Das wird zugelassen, denn so ist das Leben!

Man möge im Aufbau der Sammlung die Absicht sehen, einen Weg zu gehen, der stimmungsmäßig die vier Wegabschnitte durchläuft, wie in der Erzählung beschrieben.

Eine frühere Sammlung der Herausgeberin hatte vorwiegend das Anliegen, das Reich der Engel darzustellen als Bindeglied zwischen den Menschen und der göttlichen Welt. Die vorliegende Auswahl betont mehr den biografischen Aspekt einer möglichen Mensch-Engelbeziehung.

Den Wanderern auf der Suche nach Engelbegegnungen wünsche ich : »Gute, feste Wanderschuhe.«

Gudrun Stoewer

(Unter Verwendung von Fomulierungen aus den folgenden Texten)

I

»IN MEINER KAMMER ...«

In meiner Kammer
wo mein Bett steht
ein Tisch ein Stuhl
der Küchenherd
kniet das Universum wie überall
um erlöst zu werden
von der Unsichtbarkeit

Nelly Sachs (Lit. 45)

dort – –,

im dazwischen –
zwischen abschied und neubeginn –
zwischen ausatmen und einatmen –

zwischen himmel und erde –
zwischen mensch und mensch
und zwischen mensch
und gott –

dort –

in dem freiraum ist engelgestalten –
ist rufendes walten.

Christina Zimpel (Lit. 66)

VERKÜNDIGUNG

Sie verstand es nicht.
Wie sollte sie es auch verstehen?

Diese Sprache klang
so urgewaltig,
so erhaben –
und niemand hierzulande
hatte
je sie gehört.

Doch was tat' s?

Ein jeder Laut
goss einen Strom von Leben
in ihr Sein!

Es flutete
ein sie umbrandend Meer
aus dieses Boten Worten
wuchtig wallend
zu ihr her –,
und wie sie auch,
in Ehrfurcht wehrend,
erst zurückwich,
des Engels Stimme hatte

solch sanfte Strahlenmacht,
dass all ihr Wesen
staunend sich erschloss,
verstehend jetzt
der Erde,
ja der Menschheit Los;
Zu fassen seine Nähe,
im Mutterschoß der Schmerzen
Gott zu gebären,
zu tragen
durch die Nacht der Nächte
Seiner Liebe
allumfangend Sonnenwort.

Ruth Dubach (Lit. 20)

Die Nacht
war eine Nacht wie andre auch.
Der Tag schloss seine Augen, und die Sterne kamen.
Die kleinen kühlen Winde fächelten im Gras.
Die Hirten
zogen ihren Mantel fester um die Knochen.
Die Schafe

schliefen. Und da – man kann´s verstehn –
als sich der Himmel auftat
für all die Singenden: die Engel, die Musik,
die sich wie Licht süß duftend übers Land ergoss:
man kann's verstehn, wie sie erschraken,
die Hirten.
Nicht von dem Schönen, Hellen kam die Angst,
das war's: Es war so anders alles!
Denn das Gewohnte gibt uns Sicherheit,
auch wenn es dunkel ist und schlafen macht
und uns den Mantel enger ziehen lässt.
Vielleicht, dass sie, die diese Engel weckten
(und wenige waren's nicht)
sich wünschten, andre hätten sie erwählt,
die Engel.
Nicht gerade sie. Man kann's verstehn.
War's deshalb, dass der Engel seine Hand erhob,
die himmlische Musik zu dämpfen und zu sagen:
»Seid ohne Angst!« –
so glaube ich,
dies war das Erste und das Ganze,
das hier verkündigt wurde:
Evangelium.

Ylva Eggehorn (Lit. 22)

— Es war an einem hellen, sonnigen Morgen, als Jesus die neuen Brüder der Erwählten um sich versammelte, damit sie mit ihren Ohren hören und mit ihren Herzen die Lehren ihrer Väter verstehen sollten, so wie Enoch belehrt wurde …
Sie fragten ihn: »Welche Geheimnisse müssen wir erkennen, um den heiligen Strom des Lebens zu sehen und zu hören und zu fühlen?«
Und Jesus antwortete nicht. Aber er legte seine beiden Hände um die wachsenden Halme des Grases im Topf, sanft, als wären sie die Stirn eines kleinen Kindes. Und er schloss seine Augen, und um ihn herum waren Lichtstrahlen, die in der Sonne glänzten, so wie die Sommerhitze das Licht unter einem wolkenlosen Himmel flimmern lässt. Und die Brüder knieten nieder und neigten in Ehrfurcht das Haupt vor der Macht der Engel, die um die Gestalt des sitzenden Jesus waren, und still saß er in Frieden, seine Hände gefaltet, wie versunken im Gebet um die Grashalme.
Und niemand wusste, ob eine Stunde verstrichen war oder ein Jahr, denn die Zeit stand still, und es war, als hielte die gesamte Schöpfung den Atem an. Und Jesus öffnete seine Augen, und ein Blütenduft erfüllte die Luft, als Jesus sprach:
»Hier ist das Geheimnis, o Söhne des Lichts; hier in dem bescheidenen Gras. Hier ist der Treffpunkt der Erdenmutter

und des Himmelsvaters; hier ist der Strom des Lebens, der die gesamte Schöpfung hervorbrachte; ich sage euch wahrlich, nur dem Sohn des Menschen ist es gegeben, den Strom des Lebens, der zwischen dem irdischen und dem himmlischen Reich fließt, zu sehen und zu hören und zu berühren. Legt eure Hände an das zarte Gras des Engels der Erde, und ihr werdet die Macht aller Engel sehen und hören und berühren ... Denn in dem Gras sind alle Engel. Hier ist der Engel der Sonne, hier in dem Leuchten der grünen Farbe in den Halmen des Weizens. Denn niemand kann in die Sonne schauen, wenn sie hoch am Himmel steht, denn die Augen der Menschensöhne sind geblendet von ihrem strahlenden Licht. Und deswegen verwandelt der Engel der Sonne all sein Leben in grüne Farbe, auf dass der Menschensohn die vielen und verschiedenen Schattierungen des Grüns schaue und darin Kraft und Tröstung finde. Denn wahrlich, ich sage euch, alles, was grün und voller Leben ist, besitzt in sich die Kraft des Engels der Sonne, sogar diese zarten Halme des jungen Weizens ...

Edmond Bordeaux Székely (Lit. 56)

Frühmorgens,
alle bäume sind noch angebunden
und die dinge unberührt,
erhebt sich zwischen zwei pappeln der engel,
schläft im fluge aus.

In den rissen des schlafes singt er.

Wer als erster die gasse betritt,
verwundet wird von diesem gesang;
vielleicht ahnt er etwas,
aber er sieht es nicht.
Es ist grün,
und das ist alles, was vom engel übrig blieb.

Jan Skacel (Lit. 49)

SOMMERNACHT

Wenn lau und lind die Nachtluft weht,
ein Engel schwebt von Beet zu Beet
auf leisen, leichten Schwingen.
Und wo er sanft vorüberrauscht,
da schweigt die Nachtigall und lauscht
und mag nicht fürder singen.

Der Glühwurm setzt sich auf das Blatt,
die Linde, die geflüstert hat,
sie tut sich sachte neigen.
Im Feld die Grille singt nicht mehr,
das Bächlein rieselt still daher.
Allüberall herrscht Schweigen.

Da breitet übers ganze Land
der Engel segnend seine Hand
und schwingt die Friedenspalme.
Und morgen in der weiten Au
glänzt nah und fern des Himmels Tau
an jedem Gras und Halme.

Friedrich Güll (Lit. 26)

STURMENGEL

Sturmengel –
Vom Schlag eurer Flügel
Heulen auf die Lüfte
Und tragen fort die Gewalt.

Straßen der Zerstörung –
Neu geschaffene Räume!
Und hindurch ziehn
Eure neuen, stillenden Flüge.

Von ihnen getragen,
Überall
Suchend erwecktes Hören,
Ruft und weist euer Wort.

Rudolf Treichler jun. (Lit. 60)

Wer unter dem Schirm des Höchsten sitzt
und unter dem Schatten des Allmächtigen bleibt,
der spricht zu dem Herrn:
– Meine Zuversicht und meine Burg,
mein Gott, auf den ich hoffe. –

Denn der Herr ist deine Zuversicht,
der Höchste ist deine Zuflucht.
Es wird dir kein Übel begegnen,
und keine Plage wird zu deiner Hütte sich nahen.
Denn er hat seinen Engeln befohlen über dir,
dass sie dich behüten auf allen deinen Wegen,
dass sie dich auf den Händen tragen
und du deinen Fuß nicht an einen Stein stoßest …

Die Bibel, Psalm 91 (Lit. 8)

GEBET DER ESSENER

Der Himmlische Vater
gab seinen Engeln den Auftrag,
der dich betrifft:
Und in euren Händen sollt ihr sie hochtragen,
selbst bis zum Lebensbaum
der da steht inmitten des Meeres
der Ewigkeit …

Edmond Bordeaux Szekely (Lit. 57)

DANN MUSS ICH WIEDER NACHSCHLAGEN

Dann muss ich wieder nachschlagen,
Er habe Seinen Engeln befohlen,
dass sie mich buchstäblich
auf Händen tragen sollen.
Am liebsten springe ich
von einer Lieblingsstelle
zur nächsten, Wort für Wort;

die nicht fettgedruckten
behaupten, es öffne
nur Trübsal das Ohr mir;

nicht genug damit,
das Maß der Trübsale
werde mir zugemessen.

Zu gütig, könnte es sein,
dass mir da manchmal

ein Quentlein zu viel
der göttlichen Vorbeugungs-
mittel verabreicht wird?

Sollte Er das
Seinen Engeln
befohlen haben?

Heute bringe ich
es nicht fertig,
Analphabet der ich bin,
weiterzulesen.

Eva Zeller (Lit. 65)

Es müsste eine milde Stätte geben,
Dahin man geht, wenn man so elend ist,
Die glauben macht: du bist uns lieb wie je,
Darfst wie ein jeglicher dich neu erheben,

Vertrauen, dass dein Stern sich wieder zeigt,
Und schenkt, was dir aus ahnendem Erkennen
Jetzt nötig scheint zum Überleben-Können;
Und der Ideenhimmel sich dir neigt,

Und seine Pforten nicht verschlossen hält …
Die Stätte gibt's, es ist der Engel Welt! –

Rosel van Grootheest (Lit. 25)

In der tiefsten Not
bist
du
ganz
auf
dich
selber
gestellt.
Keiner steht dir bei.
Aber
deine
Einsamkeit
wird
zum Nadelöhr
deiner Befreiung.
Deinem Geiste
sind keine Grenzen
gesetzt.
Du bist umgeben
von deinen Schutzgeistern,
von deinen Hütern
und Wächtern.

Gerhard Joedicke (Lit. 31)

Wähne dich nicht vergessen,
noch walten ja Genien
und sprechen schützend über dir
den Schicksalsspruch.
Nur dem Fliehenden
werden die Flügel gebrochen.
Wer aber treu ist, besteht
auch in der Prüfung der Armut.
Besser ein Bettler um Geist,
als ein protziger Prahler.
Schicksalsspeise zu kosten,
gilt vor Göttern als Gabe.
Und Warten-können
wiegt gewichtig.
Wähne dich nicht vergessen,
noch walten ja Genien.

Friedrich Doldinger (Lit. 19)

Über allen Untergängen
weht Gottes Liebe.
In allen Engen
geht sie mit dir.

Über allen Verhängnissen
wacht deines Engels Auge.
Aus allen Bedrängnissen
sacht führt dich seine Hand.

Über allem Stummwerden und Entsagen
trägt und wägt deiner Ichheit Hüter.
In allem Wagen
trägt dich der Gotteswelt Sinn.

Friedrich Doldinger (Lit. 18)

TEPPICH DES LEBENS

Durch das Tor der Geburt
trägt uns der Engel
in das Menschensein.
Um ihn ist Quellenruhe
und das Leuchten des Meeres.

Auf dem Pfade der Erdenpilgerschaft
finden wir uns selbst
als der Ichheit Geschöpfe.
In Spiel und Dank,
Treusinn und Begeisterung
erwachet im Innern der Himmel.

Durch das Tor des Todes
führt uns der Engel zurück
in das Geistessternenreich.
Um ihn ist Flammenkraft
und die Gnade der Reinigung.

Friedrich Doldinger (Lit. 18)

DER PARTNER DES SCHUTZENGELS

Ein kleiner Teil von uns
ist Stoff, aus dem die Wolken sind.
Bald hell und lieblich,
sanften Tieren gleich,
bald aufwärtsquellend,
Rauch aus ausgebrochenen Vulkanen,
bald schwarz und regenschwer,
Tuch aus Blei gewirkt,
bald fern, kristallen leuchtend,
Licht aus Himmelslicht.
So sind Wolken
immer Werdende,
ein Zwiegespräch des Alles mit dem Nichts,
Grenzgänger über einer Welt
aus Maß und Zahl …
Ein kleiner Teil von uns
ist schon
aus Stoff, aus dem die Wolken sind.

Gerhard Winkel (Lit. 64)

Und noch eines sagte ich ihm,
was mich das allerseltsamste dünkte, sei,
dass der Kern eines solchen zukünftigen Engels
er, ich, wir alle seien.
Wir alle würden einmal,
zu einer solchen Quelle der Reinheit werden.
Das sei aber nicht für morgen.

Hans Arp (Lit. 2)

II

»WIR MÖCHTEN UNS DEN ENGELN NÄHERN ...«

GEBET DER ESSENER

Wir möchten uns den großartigen Engeln nähern,
allen Engeln der himmlischen Ordnung
um des Heiligen Gesetzes willen,
denn es ist das Wertvollste aller guten Dinge.
Wir schenken diese wohldurchdachten Gedanken,
diese Worte wohl gesprochen,
diese Taten wohl getan,
den freigebigen, unsterblichen Engeln,
und jenen, die ihrer rechten Aufgabe nachgehen.
Wir schenken diese Gaben
den Engeln des Tages,
den Engeln der Nacht,
den ewig lebenden, den ewig hilfreichen,
die für ewig im göttlichen Geist wohnen.
Mögen die guten, mutigen und freigebigen
Engel des Himmelsvaters
und der Erdenmutter
auf ihren heiligen Füßen
im Garten der Bruderschaft gehen
mit den heilenden Tugenden ihrer gesegneten Gaben,
so weit ausgebreitet wie die Erde,
so weit ausgedehnt wie die Flüsse,
so hoch reichend wie die Sonne

für die Entwicklung des Menschen zum Licht
und für reichliches Wachstum.
Sie sind es, die heiligen Engel,
die die Welt erneuern werden!
Die seitdem niemals alt werden noch sterben!
Niemals verwesen, ewig leben und immer wachsen.
Dann wird auch für alle
Leben und Unsterblichkeit kommen
und die Welt wird erneuert sein!
Die Schöpfung wird unsterblich wachsen,
das Reich des Himmlischen Vaters wird gedeihen,
und das Übel wird vernichtet sein.

Edmond Bordeaux Székely (Lit. 57)

ENGELGEBETE DER ESSENER

Freitagabend
Der Himmlische Vater
und Ich sind eins!

Samstagmorgen
Die Mutter Erde und ich
sind eins. Sie gibt meinem
Körper die Nahrung des
Lebens!

Samstagabend
Engel des ewigen Lebens,
gib meinem Geist das ewige
Leben!

Sonntagmorgen
Engel der Erde,
regeneriere
meinen ganzen Körper!

Sonntagabend
Engel der schöpferischen
Arbeit, gib allen Menschen
in Fülle!

Montagmorgen
Engel des Lebens,
gib meinem Körper Stärke!

Montagabend
Engel des Friedens,
sei immer überall!

Dienstagmorgen
Engel der Freude,
bring Schönheit
allen Geschöpfen!

Dienstagabend
Engel der Kraft,
leite alle meine Tage!

Mittwochmorgen
Engel der Sonne,
bring meinem Körper
das Lebensfeuer!

Mittwochabend
Engel der Liebe,
reinige meine Gefühle!

Donnerstagmorgen
Engel des Wassers,
gib meinem Körper das
Wasser des Lebens!

Donnerstagabend
Engel der Weisheit,
erleuchte meine Gedanken!

Freitagmorgen
Engel der Luft, gib meinem
Körper die Luft des Lebens!

Edmond Bordeaux Székely (Lit. 57)

DIE ANRUFUNG DES ENGELS

Wär' es an mir, ich wählte Dich
und sagte: breite die Flügel aus.
Siehe, ich stehe schutzlos da.

Ich war der Baum, der im Sturm
sich nicht rechtzeitig bog,
den erst die splitternden Äste gemahnten –
bejammernswerte Kinder einer törichten Mutter.

Und der sprudelnde Quell,
der in unbekümmerter Lust
sein Wasser talwärts entsandte,
wo es die sengende Sonne verschlang.

Auch jene Blüte preisgegeben
den Fluten des Regens,
die sich zu früh der
hüllenden Knospe entwand.

Sieh, das war ich, bin es
noch immer und werde es
stets von neuem sein.

Wende Dein Antlitz mir zu,
dass ich erwärmt von seinem Leuchten
nicht länger mehr fürchte,
dessen Ursprung zu schauen.

Lächle in meine Zweifel,
dass sie zerfließen wie
kühle Nebel des morgens.

Nimm meine Hand,
wenn mein Schritt sich
zögernd verlangsamt.

Denn ich kehrte um, stünd' ich
auch schon auf der Schwelle
zu anderem Sein.

Breite Deine Flügel aus,
wende Dein Antlitz mir zu,
denn noch ist es um mich dunkel,
und ich stehe schutzlos da.

Christel Lorek (Lit. 36)

Ich möchte reden
doch ich kann nicht
ein schwarzer Engel
hält mich fest

es heißt nun
immer tiefer schweigen
bis in den letzten
Erdenrest.

Rose Ausländer (Lit. 3)

VON ENGELN

Man hat euch die weißen Kleider genommen,
Die Flügel, sogar das Sein,
Ich glaube dennoch an euch,
Boten.

Die umgestülpte Welt,
Das schwere Gewebe, mit Sternen und Tieren bestickt,
Durchwandelt ihr und betrachtet die wahren Nähte.

Ihr rastet hier kurz,
In der Morgenstunde vielleicht bei klarem Himmel,
In der Melodie, die ein Vogel nachsingt,
Oder im Duft der Äpfel im Abenddämmer,
Wenn Licht die Gärten verzaubert.

Man sagt, es hätte euch jemand erdacht,
Doch mich überzeugt das nicht.
Die Menschen haben sich selbst genauso erdacht.

Die Stimme ist wohl Beweis,
Weil sie ohne Zweifel von klaren Wesen stammt,
Die leicht sind, beflügelt (warum auch nicht),
Mit Blitzen gegürtet.
Ich habe manchmal im Traum diese Stimme vernommen
Und was noch seltsamer ist, in etwa verstanden
Den Ruf oder das Gebot in überirdischer Sprache:

bald ist es Tag,
noch einer,
tu, was du kannst.

Czeslaw Milosz (Lit. 40)

BITTE AN DEN ENGEL

Engel, warum sprichst Du nicht,
lähmest und beschwerest mich,
was verhüllst Du Dein Gesicht,
sage, wodurch kränkt' ich Dich?

War nicht alles Dir geweiht,
nur mit Deinem Blick gesehn:
Menschen, Dinge, Raum und Zeit –
übertragen mir als Lehn?
Engel, kehre wieder, sprich,
löse und durchleuchte mich!
Wüste bin ich ohne Dich, Engel,
Du mein höhres Ich!

Alfred Schütze (Lit. 48)

KAMPF DES DICHTERS MIT DEM ENGEL

Engel, Engel, hast du mich verlassen,
Als ich dich missachtete so sehr?
Harte Dinge türmend um mich her,
Dehnt sich meine Nacht. Dich neu zu fassen,
Will ich tasten, wo einst deine Schwingen
Trugen meine Schau zu weitem Flug,
Und die Stirne, die ich wund mir schlug,
Halt' ich hoch, dich Flüchtigen her zu zwingen.

Engel, Engel, muss ich dir erstarren,
Dir erblinden? Aber abgrundtief
Wird die Stille, die ich sonst verschlief.
Und der Anhauch, der mich sucht im Harren,

Und das Brausen, dem ich ganz mich lasse,
Bist du's Engel? Tief nach meinem Wort
Tauchst du. Und das schwingt mit dir sich fort,
Dass es lauschend deine Spuren fasse.

Rudolf Treichler jun. (Lit. 60)

MENSCH UND ENGEL

Willst Du immer, immer völlig schweigen?
Stumm und dunkel mir im Rücken stehn?
Würdest Du Dich einmal zu mir neigen,
könnt ich meine Wege sichrer gehn!

Hören willst Du? Lauschen Göttersöhnen?
Hören kreisender Planeten Dröhnen
Und der Ruhesterne Worte-tönen?
Musst an Himmelslaute Dich gewöhnen!
Engel, würden einmal mich berühren
Deine Hände, wär's auch noch so zart,
ließ ich gern mich durch das Düster führen,
würde folgen, wie es Kinderart.

Einmal weiten sich der Engel Hände,
tauchend in das Licht der Osterwende.
Weiten sich zum Heilen und zur Spende
der geheimen Himmelssakramente.

Dunkel ist und Ungunst alles Leben.
Nur ein Lichtstrahl aus dem Sternenbund
würde wie ein Wunder uns erheben,
machte uns von Grund auf ganz gesund.

Monica von Miltitz (Lit. 41)

Schutzengel in meiner Nacht,
Fern geahnter,
Was ist zwischen uns,
Das dich von mir fernhält?

Ist es im wallenden Silber
Deines Gewandes
Mein Spiegelbild,
Hässlich verrückt von innen?

Ist es das lichte Gebilde,
Das wächst in deinem Schoß,
Darin meine Züge
Zur Einheit streben?

Schutzengel, Schutzengel –
Da hast du mich angenommen
Und trägst mich aus meiner Nacht
Der Schönheit des Künftigen entgegen.

Rudolf Treichler jun. (Lit. 59)

AN MEINEN SCHUTZENGEL

Den Namen weiß ich nicht. Doch du bist einer
Der Engel aus dem himmlischen Quartett,
Das einstmals, als ich kleiner war und reiner,
Allnächtlich Wache hielt an meinem Bett.
Wie du auch heißt – seit vielen Jahren schon
Hältst du die Schwingen über mich gebreitet
Und hast, der Toren guter Schutzpatron,
Durch Wasser und Feuer mich geleitet.

Du halfst dem Taugenichts, als er zu spät
Das Einmaleins der Lebensschule lernte.
Und meine Saat, mit Bangen ausgesät,
Ging auf und wurde unverhofft zur Ernte.
Seit langem bin ich tief in deiner Schuld.
Verzeih mir noch die eine – letzte – Bitte:
Erstrecke deine himmlische Geduld
Auch auf mein Kind und lenke seine Schritte.

Er ist mein Sohn. Das heißt: Er ist gefährdet.
Sei um ihn tags, behüte seinen Schlaf.
Und füg es, dass mein liebes schwarzes Schaf
Sich dann und wann ein wenig weiß gebärdet.

Gib du dem kleinen Träumer das Geleit.
Hilf ihm vor Gott und vor der Welt bestehen.
Und bleibt dir dann noch etwas freie Zeit,
Magst du bei mir auch nach dem Rechten sehen.

Mascha Kaleko (Lit. 32)

AN DIE ENGEL MEINER ERWACHSENEN KINDER

Ich spreche mit den Engeln meiner erwachsenen Kinder:
Seid ihr immer noch bei ihnen und habt ihre Wünsche in euren Händen?
Wisst ihr etwas von ihrer kampferfüllten Einsamkeit?
Und wenn sie nun euch und das Leben überhaupt ablehnen, wendet ihr euch dann ab und grollt ihnen oder bleibt ihr trotzdem bei ihnen?
Sie brauchen euch, mehr noch als damals, als sie klein waren.
Sie brauchen euch ganz dringend!
Denn die Jugend ist die schwerste Zeit.
Alles muss eigenhändig geregelt werden,
man muss sich freikämpfen,
alles selbst durchdenken,
und von Engeln will man nichts wissen.
Oh, ihr Engel meiner erwachsenen Kinder!
Eine Mutter darf nicht länger eingreifen, aber ihr dürft.
Eine Mutter darf nicht länger Rat geben, aber eure Weisheit kommt von Gott.
Bleibt bei meinen erwachsenen Kindern, ihr Engel!
Helft ihnen, im Gestrüpp zu wandern und den rechten Weg zu finden, ihren eigenen Weg!

Ylva Eggehorn (Lit. 22)

BRIEF AN DEN SCHUTZENGEL

Mein lieber Engel!

Verzeih mir, wenn ich Dich betrübt habe! Eine ganze Wochelang habe ich Dir keine Nähe gegönnt und habe es nicht einmal so richtig bemerkt. Auch nicht gewollt! Was blieb Dir anderes übrig, als ein Stück von mir abzurücken. Ich weiß jetzt, dass man Dich auch kränken kann. Mein Verhalten will ich weder erklären noch entschuldigen: Aber in der letzten Zeit waren alle meine Gedanken so auf materielle Äußerlichkeiten gerichtet, aller Wille so auf Weiterkommen und Fertigwerden, dass meine Wahrnehmung für Dich, die bisher nur keimhaft entwickelt ist, wie überklebt war. Dabei ging es gar nicht um große Ziele. Es ging um Alltagskleinigkeiten, eigentlich Banalitäten. Drei Zimmer sollten tapeziert, gestrichen und mit Teppichboden ausgelegt werden. Es war also nichts erkennbar Böses im Spiel. Es wäre auch genug Zeit zum Innehalten gewesen. Nichts und niemand trieb mich. Aber eine merkwürdige innere Dynamik erfasste alle Prozesse: Wenn ich es schaffe, bis zum Abend die Tapete abzulösen, könnte ich morgen die Wände spachteln und die Trockenzeit mit dem Einkaufen der Farbe überbrücken. Dann könnte ich abends noch den ersten Anstrich auftragen und übermorgen die Teppichböden einschneiden.

So schlüpfte die Seele in die Tapete, in den Spachtel, in die Farbe, in die Prozesse. Die Seele war wie aufgelöst im kräftig fließenden Willensstrom. Der transportierte alle Zielmarken in großer Geschwindigkeit davon. Sie waren nicht einmal festgemacht: Aus der Strömung musste ich sie herausfischen und entdeckte immer neue – schon wieder ein Stück flussabwärts. Erfolgreich war ich im Fortkommen, im Fortschritt – wurde aber atemlos, denn ich folgte unaufhörlich den treibenden Zielmarken. Wer aber atemlos ist, dem vergeht nicht nur das Sprechen: er kann auch nicht mehr hören. Das Wort geht ihm insgesamt verloren. Er arbeitet fast wie eine Maschine, in die unaufhörlich neues Material nachgeschoben wird. Er passt nur noch auf, dass er die Finger nicht einklemmt und neues Material herbeigeschafft wird. So wird der Blick immer eingeengter, richtet sich nur noch auf den Arbeitsprozess. Kein Vogelsang erreicht mehr das Ohr, keine Pflanze, keine Musik erreicht mehr das Herz, kein Gedanke findet die passende Umgebung, um zu keimen. Vielleicht hast Du Dich sogar ein paar Mal bemerkbar gemacht. Aber Du konntest nicht durchdringen, denn selbst der Schlaf war anders als sonst: bleiern, wie eingekapselt. So war die Verhärtung der Wahrnehmung so stark, dass Du nicht einmal in der Nacht mit mir Verbindung aufnehmen konntest.

Nun musst Du wirklich traurig sein, denn Du gibst Dir mit mir wirklich große Mühe. Du wirbst um mich. Deshalb kannst Du mit Recht erwarten, dass ich mich wenigstens einmal am Tag Dir zuwende, ein Tor öffne, durch das Du eintreten kannst.

Ich bitte Dich deshalb, mir treu zu bleiben, denn ich kann es nach zwei Wochen förmlich mit Händen greifen, wie dürr und arm mein Leben sein wird, wenn ich Dich aussperre. Ich habe es nicht gewollt und doch getan. Und da ich weiß, dass Du nachsichtig bist, lass mich in den neuen Räumen einen neuen Anfang machen; ich werde mir große Mühe geben, Dich an jedem Tag mit ein paar guten Gedanken zu nähren – und sei es auch nur, indem ich die Bäume vor meinem Fenster liebevoll ansehe oder die Wolken am Himmel. Das werden dann meine Grüße an Dich sein.

Gerhard Winkel (Lit. 64)

SCHUTZGEBET

Schutz, meines Lebens
schirmende Macht.

Du breitest um mich
einen Mantel des Vertrauens.

Deine Güte erfüllt
meine Seele.

Deine Liebe erleuchtet
mein Herz.

Dein Wort segnet
meinen Weg.

Schutz – du meines Lebens
schirmende Macht!

Gerhard Joedicke (Lit. 30)

KELTISCHES ABENDGEBET

Mögen deine heiligen Engel, o Christus,
Sohn des lebendigen Gottes,
unseren Schlaf, unsere Ruhe
unser schimmerndes Lager bewachen.

Mögen sie uns in unserem Schlummer
wahre Traumbilder zeigen,
o hoher Fürst des Weltalls,
großer, geheimnisvoller König!

Weder Dämon, noch Unheil
oder Verderben, noch böse Träume
mögen unsere Ruhe, unseren tiefen,
festen Schlaf stören.

Heilig möge unser Erwachen sein,
unsere Arbeit und unser Tagewerk,
wie unser Schlaf und unsere Rast,
ohne Störung und ohne Unterlass.

Altirisch (Lit. 23)

Ich schlafe ein.
Bis zum Aufwachen wird meine Seele
In der geistigen Welt sein.
Da wird sie der führenden Wesensmacht
Meines Erdenlebens begegnen,
Die in der geistigen Welt vorhanden ist,
Die mein Haupt umschwebt, –
Da wird sie dem Genius begegnen –
Und wenn ich aufwachen werde,
Werde ich die Begegnung
mit dem Genius gehabt haben.
Die Flügel meines Genius
Werden herangeschlagen haben
An meine Seele.

Rudolf Steiner (Lit. 53)

Da taten sich die Himmel wieder auf, und ich sah, wie sich der Erdball im All bewegte. Von der Erde blitzten viele Lichter auf wie von Riesenscheinwerfern. Einige waren sehr deutlich zu sehen und erreichten den Himmel wie breite Laserstrahlen. Andere glichen dem Licht einer winzigen Taschenlampe, und wieder andere waren kaum mehr als ein Funke. Ich war überrascht, zu hören, dass diese Kraftstrahlen die Gebete waren, die die Menschen der Erde sprachen. Ich sah, wie die Engel die Gebete eilends beantworteten. Das Ganze war so angelegt, dass den Menschen so viel wie möglich geholfen werden konnte. Und während ihres ›Einsatzes‹ flogen die Engel im wahrsten Sinne des Wortes von einem Menschen zum anderen, von Gebet zu Gebet, und ihre Arbeit erfüllte sie mit Liebe und Freude … Stets reagierten sie zuerst auf die helleren, größeren Gebete, und dann widmeten sie sich den anderen, immer der Reihe nach, bis alle beantwortet waren. Mir fiel jedoch auf, dass unaufrichtige, heruntergeleierte Gebete – wenn überhaupt – nur sehr wenig Licht haben, und da ihnen die Kraft fehlt, bleiben viele unerhört.

Betty Jean Eadie (Lit. 21)

Einige,
die Wache halten
vor Morgengrauen,
blicken
von der Anhöhe her
auf die weiße Ebene,
wo die Bäume stehen.

Vereinzelte
im Schweißtuch der Not
zünden
dort unten
die Feuer an,
klamm von Kälte und Hunger,
spannen
das Tuch aus Gebet
über die ganze, die
tagnächtige Erde.

Die Wachen
auf dem hohen Kamm
geben die Botschaft
weiter. Einige aber,
im Aufwind der Beter,
betreten
das Land.

Inge Thöns (Lit. 58)

DIE ANTWORT DER ENGEL

Für dich ist das Emporheben schwer,
Für mich das Niedersteigen.

Du bist mein dichteres Ebenbild.

Ich gebe dir den Schlüssel zur Tiefe,
sein Name ist: AUFGABE.

Deine Arbeit ist dein Gebet.
Das Gebet ist der Flügellosen Flügel.

Wer sich wundern kannn,
dem öffnen sich Wunder.
Ist das Unendliche in eurem Herzen,
so wird die Zeit in euren Händen geboren
und Zeit für alles werdet ihr haben.

Die Gesetze der Raupe sind nicht mehr gültig
für den Schmetterling.

Der Keim ist der Tod des Samenkorns.

Verbessere nicht das Schlechte, stärke das Gute.

Es gibt nichts Schlechtes,
Es gibt nur ungewandelte Kraft.

Wer für sich selbst bittet, der verschluckt die Strahlen,
Wer nicht mehr für sich selbst bittet, der wirkt –

Ich gebe dir den Schlüssel zur Tiefe,
sein Name ist: AUFGABE.

Gitta Mallasz (Lit. 37)

Sternenstrahl und Sternenlicht gerinnen,
daß die Engel Licht als Leib gewinnen.
Liebend gießen sie dies Licht ins Innen
eines Menschen Ich, das wacht im Sinnen.

Engel schweigen tief in ernster Strenge,
bis der Mensch sich reißt aus seiner Enge,
bis er des Bewusstseins Fesseln spränge,
hören lernt die heil'gen Himmelsklänge.

Monica von Miltitz (Lit. 41)

AN DEN ERZENGEL MICHAEL

Michael, leuchtendster Beistand
Der Gottheit der dreifachen Sonne!
Bewährter Führer!
Mit den Engelsmächten droben
Jauchzest du voll Freude:
Heilig bist du, o Vater;
Heilig du, heiliger Logos,
Der vor allem Anfang bestand,
Und heilig der Geist auch,
In einer Herrlichkeit und einer Herrschaft,
In einer Göttlichkeit, Natur und Kraft.

Michael, Engelsfürst,
Von Feuer ist deine Gestalt
Und wunderbar deine Schönheit.
Denn ohne körperliche Hülle
Durchwanderst du die Weiten der Welt,
Die Aufträge des Allschöpfers erfüllend.
Du zeigst dich machtvoll in deiner Stärke
Und schufst einen Heilquell in deinem Tempel,
Der zu deinem heiligen Ruhme geehrt wird.

Herr, der du, wie es geschrieben steht,
Deine Engel zu Winden machest
Und deine Diener zu Feuerflammen,
Du hast als ersten, obersten Führer
Inmitten deiner Scharen bestellt
Den Erzengel Michael.
Er folgt deinem Winken, o Logos,
Und erhebt in Ehrfurcht
den dreifach heiligen Lobgesang
Auf deine Offenbarungsherrlichkeit.

Aus dem Griechischen (Lit. 4)

III

»WENN WIR LAUSCHEN ...«

WENN WIR LAUSCHEN

Wenn wir lauschen
wollen Engel uns
die Worte sagen.
Wollen uns
zur Himmelspforte
tragen
Und uns dort
dem hohen Bild
vereinen,
Das wir einst
verließen
und beweinen.

Unsere Tränen
werden Augen
werden
Für den Himmelsblick
auf Erden.

Gerhard Joedicke (Lit. 31)

EIN FLÜGEL STREIFTE MICH

Ein Flügel streifte mich –
War es der Flügel eines Vogels?
Ein Schatten wehte her –
War es der Schatten alter Liebe?
Ein Frösteln tief in mir –
Und bei so heller Sonne?
Ich habe ihn gesehen,
Ich habe ihn erkannt,
Er sagte nichts, sah mich nur an.
Ich schrie nicht auf vor Angst,
Ich bebte nicht vor Abschied.
Ich presste meine Füße
Dicht an die liebe Erde,
Ich dachte nur: Wie gut,
Wie gut, noch hier zu sein.

Walter Bauer (Lit. 6)

Engelwesen,
der Du Führer bist
im Genesen!
Sieh, es ist
durch Dein Hilfespenden
wie ein Weben
geistgemäß gewesen.
Musst Du Dich jetzt wenden?
Willst entschweben?
Hältst in Deinen Händen,
was mir so vertraut.
Bin dem Alltag ja zurückgegeben,
und er spricht
viel zu laut.
Lass mich nicht
ohne jenen Trost, den ich geschaut,
ohne jenes leise
Hin- und Wiedergehn.
Lass mich Dein Gesicht
in der alten Weise
manchmal sehn.

Monica von Miltitz (Lit. 41)

Da meine Seele sich so sehr
nach Deiner Seele sehnte, da kamest Du,
Du formenloser Engel, mit einem Schwert.

Brigitte Metaxas (Lit. 38)

DER ENGEL

Der Engel sieht
und schweigt.
Gebot ist ihm
das Schweigen,
doch schaut er
was Menschenaug' nicht sieht
und hört
was Menschenherz nicht hören kann.
Er schweigt
und doch sein Schweigen
spricht.

Mario Betti (Lit. 7)

Es ist kein Lied in meiner Kehle,
Die ganze Welt ist aufgebracht.
Ein Engel fuhr durch meine Seele
Mit einer Schwinge wie aus Nacht.

Der Engel schnitt mit seiner Schwinge
Mir ab das Leid, mir ab das Glück.
Ich finde nimmer in der Dinge
Vertrauliches Gespräch zurück.

Der Zorn der Dinge und der Wesen
Erfüllt den Tag, die Nacht ist voll
Von Geistermienen, die ich lesen
Und auf mein Leben deuten soll.

Des Engels Miene voller Schmerzen
Entschwindet mir im Schattengrund.
Das Lied erstickt in meinem Herzen,
Das Wort erstirbt auf meinem Mund.

Richard Schubert (Lit. 47)

Schwer ist es, die Gesichter
der Toten zu sehen,
schwerer noch die von Engeln.

Zwar gehen sie oft
am Leben entlang.
Doch was besagt das,
solange du erschrickst,
wie Hase und Fuchs
beim Anblick des Menschen.

Gleichwohl geben sie
das Zähmen nicht auf,
legen von Zeit zu Zeit
den Arm um deine Nähe.
Und du, beim Betrachten
der schmaleren Hände,
der nutzlosen Nägel,
in so viel Blau,
nenn' es Mantel, nenn' es Gewand,

kannst du wissen,
wer hier die Grenze durchbricht,
du, oder einer von ihnen?

. . .

Inge Thöns (Lit. 58)

DIE ANTWORT DER ENGEL

Frage des Menschen: Was ist Ruhe?
Antwort des Engels: **Vorbereitung.**

F: Was ist Nervosität?
A: **Ein Heer ohne Heerführer**.

F: Was ist Gesundheit?
A: **Gleichgewicht.**

F: Was ist Widerstand?
A: **Anreiz zum ›Mehr‹.**

F: Was ist Panik?
A: **Schrecken, Abkehr vom Vater – Plötzlicher Riss.**

F: Was hat die Menschheit nötig, um sich ein bisschen in eine bessere Richtung zu wandeln?
A: **Es gibt kein bisschen! Entweder – oder!**

F: Wie könnte ich mich von meinem kleinen Ich befreien?
A: **Indem du es nicht verachtest.**

F: Darf ich erfahren, was mein schwächster Punkt ist?
A: **Nein, einstweilen erfreue dich!**

F: Was war, bevor ich geboren wurde?
A: **Du bist noch nicht geboren. Frage danach, wenn du geboren sein wirst.**

F: Was ist wahre Freiheit?
A: **Der Dienst. Dienst du, so bist du eins mit IHM, und bist frei.**

Gitta Mallasz (Lit. 37)

DER ENGEL

Wenn ich wie Jakob mit dem Engel ringe,
der groß und schweigend an der Schwelle wacht,
auf dass ich Einlass in sein Reich erzwänge,
geschieht es oft, so sehr ich ihn bedränge,
dass eine fremde, unsichtbare Macht
mir Hände lähmt und Arm und Klinge.

Und ob ich noch so stürmisch in ihn dränge,
er steht und schweigt. Und ob ich unbedacht
und immer wieder fordernd an ihn ginge, –
ich bin gefangen wie in einem Ringe.
Er sieht mich an, als ob aus tiefster Nacht
ein Flammenstoß den Blick mir senge.

Doch wenn ich, wissend, dass ich´s nicht erzwinge,
mich beuge seinem Zauber, seiner Macht
und hingerafft an seinem Munde hänge,
dann lächelt er. Als ob die Sphäre klänge,
so regt er, wie im Traum unendlich sacht
ein Vogel atmet, seine helle Schwinge.

Und rührt mich leise an mit dieser Schwinge.
Und sieh: Ich singe.

Rudolf Hagelstange (Lit. 27)

DER ENGEL

Ich, Vogel im Licht –
Vogel, hoch über dem Meer,
himmelgesandt,
bin ich den Wolken

dem Winde verwandt –
Gold im Gefieder,
lass ich mich nieder
bei euch, die ihr drunten
ins Dunkel gebunden
die Tiefe durchleidet,
die ihr das Schicksal
der Erde entscheidet!
Und wie ich euch singe,
die Gottheit zu loben,
auf klarer Schwinge
bin ich enthoben.
Doch wen ich berühre –
o dass er erglühe,
o dass er erglänze
und mich überwachse
von Grenze zu Grenze,
noch bin ich euch Bote
noch bin ich euch Stufe,
ich rufe – ich rufe –
empfanget das Feuer!
Die Fülle der Gottheit
ist euer!

Roswitha Bril-Jäger (Lit. 11)

Wisst ihr nicht,
dass sich an uns sogar
das Schicksal von Engeln
entscheiden wird?

Die Bibel, 1. Korinther 6, 3 (Lit. 8)

DER BLICK

Immer fällt ein stiller ernster Blick
auf mein unwert' Sein,
nimmt mich wie sein Spiegelbild zurück;
ich bin nie allein.

Mög' mein Tun an diesem Bildnis bauen,
heilend es erheben;
denn von dem, was sie im Menschen schauen,
müssen Engel leben.

Rosel van Groothest (Lit. 25)

DER ENGEL

So ein Engel tut gut, wenn er wartet, bis man ihm mitteilt, man bedürfe seiner. Das dauert manchmal länger, als er ahnt, er muss sich eben auch mäßigen, darf nicht meinen, er sei unersetzlich. Ich möchte nicht er sein, den ich zum Engel machte. Ich vergöttlichte ihn, damit er mir nirgends mehr begegne, bildhaft-unveränderlich sei, ich stets hinblicken dürfe, je nach Bedürfnis und Belieben, Mut aus dem Anblick holend. Er tut mir beinah Leid, er hat geglaubt, ich sei neugierig, werde hinter ihm herlaufen, indes ich ihn quasi in der Tasche habe oder wie ein Band um die Stirne. Ich geh' nicht mehr zu ihm, sein Wert umgibt mich, mit seinem Licht seh' ich mich umstrahlt. Wer zu geben verstanden hat, wusste auch zu nehmen. Beides will geübt sein. Er entstand aus Mitleid, doch kann geschehen, dass ich Flehender mit ihm spiele. Er zweifelt, ihm bangt. Bald bin ich gläubig, bald ungläubig, und er muss es dulden, der Liebe.

Robert Walser (Lit. 61)

MEIN ENGEL

Mein Engel ist elend.
Und ich steh in Schuld.

Seine Flügel sind lahm,
Ich hab dran gerissen.

Seine Stirn ist kraus.
Ich hab sie gefurcht.

Sein Herz war ein Quell.
Ich hab ihn getrübt.

Nun schleppt er sich
Nach Engelland.

Nun schirmt ihn
Meine schwache Hand.

Richard Pietraß (Lit. 43)

Von drüben tönt ein Ruf zu mir:
Dem Feind der Liebe und des Lichts
ins Auge schauen! Weiter nichts
verlangt der Engel jetzt von dir!

Nur, dass du wie ein Spiegel wirst,
darin dein Dämon sich erkennt,
in deiner Läuterung verbrennt,
das Böse in sich selbst zerbirst.

Der Herr des Schicksals fordert nicht,
dass du die Hand als Richter hebst,
nur, dass du in der Wahrheit lebst:
Der Geist ist selber das Gericht.

Albert Steffen (Lit. 50)

Sieh' die Waage
In des Engels Hand
Hoch über den Geschicken
Der Völker:

Schwer und schwerer
Lastet die Schale des Unheils.

Höre, wer Ohren hat!
Ein Mittel hast du,
Zur Rettung
In die andre Schale zu geben:
Dich selbst.

Ein brennendes Herz
Wirkt Entscheidung.

Roswitha Bril-Jäger (Lit. 10)

Es giebt so bange Zeiten,
Es giebt so trüben Muth,
Wo alles sich von weiten
Gespenstisch zeigen thut.

Es schleichen wilde Schrecken
So ängstlich leise her,
Und tiefe Nächte decken
Die Seele zentnerschwer.

Die sichern Stützen schwanken,
Kein Halt der Zuversicht;
Der Wirbel der Gedanken
Gehorcht dem Willen nicht.

Der Wahnsinn naht und locket
Unwiderstehlich hin.
Der Puls des Lebens stocket,
Und stumpf ist jeder Sinn.

Wer hat das Kreuz erhoben
Zum Schutz für jedes Herz?
Wer wohnt im Himmel droben,
Und hilft in Angst und Schmerz?

Geh zu dem Wunderstamme,
Gieb stiller Sehnsucht Raum,
Aus ihm geht eine Flamme
Und zehrt den schweren Traum.

Ein Engel zieht dich wieder
Gerettet auf den Strand,
Und schaust voll Freuden nieder
In das gelobte Land.

Novalis (Friedrich v. Hardenberg) (Lit. 42)

Nie wird das Leiden der Erde sich lindern,
wenn du den Engel im Andern nicht siehst.
Immer noch blickt er aus Augen von Kindern
und fragt, warum du fliehst.

Stumm stand auch deiner zu Häupten der Wiege,
Mahner und Mane, so selten erkannt!
Bundesgenoss deiner heiligsten Kriege,
dir nah im Geist verwandt.

Stirbst du, und steht er zu Füßen der Bahre,
wendet er fromm sich zum sternenden All.
Und das gemeinsam Geformte, das wahre
Wort führt dich zum Portal.

Dora Baker (Lit. 5)

DER ENGEL

Solange ich,
angewiesen auf niemand,
mir selbst genug war,
in guten Tagen,
begegnete ich ihm niemals.
Ich hätte ihn glatt verleugnet.
Erst als ich,
meiner selbst nicht mehr sicher,
eingeklemmt zwischen den Trümmern eigener Kraft,
meinen Antworten misstraute und
Ausschau hielt nach der Nähe eines Menschen,
reichte er mir Worte und Hände,
Werkzeuge hilfreicher Botschaft,
in der, leicht zu übersehenden, Gestalt
meines Nachbarn.

Christian Weber (Lit. 62)

DER UNBEKANNTE ENGEL

Heimweh nach den Erzengeln!
Ich war …
Schaut mich an.

Gekleidet bin ich in weltläufigem Stil,
die Flügel sieht man mir nimmer an.
Niemand weiß, wie ich gewesen.
Sie kennen mich nicht.

In den Straßen – wer erinnert sich noch?
Feste Schuhe sind nun meine Sandalen.
Statt der Tunika trage ich Tweedjacke
und Hosen.
Sag mir, wer ich bin.

Und dennoch, ich war …
Schaut mich an.

Rafael Alberti (Lit. 1)

Einer, der uns nüchtern
nach unserem Woher
und Wohin fragt
und uns sehr gegen
unseren Willen
dahin zurückschickt,
wo wir eben davonlaufen wollten,
kann ein Bote Gottes
ein Engel sein.

Sören Kierkegaard (Lit. 33)

Der Fremde,
das ist der Mensch,
hinter dem sich ein Engel verbergen könnte –
falls man ihn bei sich aufnimmt.

Marc Chagall (Lit. 15)

RINGEN NACH TREUE

Schaffen sie sich eine starkmütige Anschauung von Treue an. Was die Menschen sonst Treue nennen, vergeht schnell. Das aber machen sie zu ihrer Treue: bei dem anderen Menschen werden sie Augenblicke erleben – schnell dahingehende: da wird er ihnen erscheinen wie erfüllt, wie durchleuchtet von dem Urbild seines Geistes. Und dann können – ja werden – andere Augenblicke, lange Zeiten kommen, da verdüstern sich die Menschen. Sie aber sollen lernen in solchen Zeiten zu sagen: der Geist macht mich stark, ich denke an das Urbild – ich sah es doch einmal. Kein Trug, kein Schein raubt es mir. – Ringen sie immer um dieses Bild, das sie sahen. Dieses Ringen ist Treue. Und nach Treue strebend wird der Mensch dem Menschen wie mit Engel-Hüterkräften nahe sein.

Rudolf Steiner (Lit. 52)

DIE EWIGE STADT

Heimat ist immer,
wo wir auch wandern,
denn wir sind des Herrn.

Von einem zum andern
leuchtet ein Schimmer
wie Stern zu Stern.

Scheiden uns Stufen
der Artung und Meinung
aus der Vergangenheit Bahn,

zukunfther rufen
Engel der Einung
alle hinan.

. . .

Friedrich Doldinger (Lit. 19)

Es lagerte ein Bote von IHM
rings um die IHN Fürchtenden
und schnürte sie los.

Martin Buber (Lit. 13)

Ich ließ meinen Engel lange nicht los,
und er verarmte mir in den Armen
und wurde klein und ich wurde groß:
und auf einmal war ich das Erbarmen,
und er eine zitternde Bitte bloß.

Da hab ich ihm seine Himmel gegeben, –
und er ließ mir das Nahe, daraus er entschwand;
er lernte das Schweben, ich lernte das Leben,
und wir haben langsam einander erkannt …

Rainer Maria Rilke (Lit. 44)

IV

»MITTEN IM FEUER …«

MITTEN IM FEUER

Mitten im Feuer
halten Engel
die Flammen zurück.

Ihre Flügel wehen
kühlenden Wind
in mein Antlitz.

Ihre Hände
löschen die Glut
zu meinen Füßen.

Ich schreite sicher,
mein Gott,
auf all meinen Wegen.

Gerhard Joedicke (Lit. 31)

VOR TAG

Stand einer entgegen,
der wehrte den Weg –
warum …
Da brannte ein Kampf
durch die Nacht ringsum,
du musst mir den Durchgang gewähren!

Ich gebe nicht auf –
wer bist du –
wer –
und Jakob wurde verwundet –

Da brach es wie Blitz
in den dämmernden Blick,
und er kann den Entschwindenden halten –
Ich lasse dich nicht
du segnest mich denn!
Und er gibt sich zugleich überwunden.

Roswitha Bril-Jäger (Lit. 11)

Aller Gram ist schlafen gangen,
Schmerz und Bitternis verblasst,
rüste dich, nun zu empfangen,
den geliebten Engel – Gast.

Den Erheller deiner Nächte,
den Erhöher deines Ich,
den Bewahrer deiner Rechte;
Horch, er naht, drum rüste dich.

Lisa de Boor (Lit. 9)

Manchmal Nachts
ein Anflug
Berührung von Sekunden

Ein Bild
mit Händen nicht
zu greifen

Durchs offene
Fenster Worte

Die Haut im Morgenlicht
Die Luft von Dir durchdrungen.

Paul Konrad Kurz (Lit. 35)

EIN GEBET LANG

Plötzlich gehe ich
in Gewissen gekleidet
und barfuß

Seiend wie nie sonst
ich selbst
fühle ich mich
wie von einem Engel
eingeatmet

Ach,
so wach
eine Weile nur,
ein Gebet lang
im Tausch
gegen den morschen Menschen

(unbekannter Verfasser)

ERFÜLLUNG

Nun wird der Engel, der die Tage segnet
Dich tiefer lieben und gewisser leiten.
Zu dieser Stunde bist du ihm begegnet.

Er kennt den Wirbel der entbrannten Zeiten,
Und eh der Friede kühlend niederregnet,
Gibt er dir Kraft, in Flammen hinzuschreiten.

O könnte jeder diese Zeit begreifen,
Da ungeduldig, wider das Verstehen
Der dumpfen Menschheit taube Früchte reifen.

Du aber wirst die Engel um dich sehen,
Und wenn dich nächtens seine Flügel streifen,
Ist Gottes Wunder auch an dir geschehen.

Siegbert Stehmann (Lit. 51)

UNSICHTBARE HELFER

Und Geister gehen schweigend durch die Reihen
mit einem Glanz wie Silberreif auf Bäumen,
die unsere Tage seltsam weihen
und unsren Nächten Fruchtbarkeit verleihn in Träumen.

Unwandelbar ist dieser Geister Schreiten,
sie hemmt kein stilles Wehren, lautes Widerstreiten,
sie spielen wie auf einem Instrument mit tausend Saiten
auf unsren Seelen, unsren Geistern,
nach einem Satze von den höchsten Meistern,
auflösend alle Menschen-Dissonanzen
zu einem göttlich-großen Ganzen.

Alfred Schütze (Lit. 48)

Ich rufe dich bei Tag und auch bei Nacht,
Mein guter Genius, weiche nicht von mir.
In Geisteswelten und auf Erden hier
Hast du den Lebensweg mir wohl bewacht.

Nun bin ich alt; und ich erschrecke schier:
Hab' ich dein Engelsschicksal auch bedacht?
Wie selbstverständlich gibst du auf mich Acht.
Mein gottgesandter Freund, ich danke dir.

Du siehst mich an. Ich fühle deinen Blick.
Es schaut kein Mensch so ernst, so liebevoll.
Nimm meine Hand und führ' mich an die Schwelle.

Der Tag vergeht. Nacht glänzt in Geisteshelle.
Nur kurz noch lockt, was ich verlassen soll.
Wir schreiten vorwärts. Ich schau' nicht zurück.

Ruth Stuhlmann (Lit. 55)

Rufe mich Engel! Siehe wie schön sich die Dinge
Im Kreise ordnen um mich,
Wie das Gold um den Stein in dem Ringe,
Und alles hat seine Maße in sich.

Bitte, mein Engel! Zu lang sind die Tage,
Und das Abendgefühl breitet sich auch
Über den Mittag. Und das seltsame vage
Singen des Kosmos ist wie ein kühlender Hauch.

Hüte um mich die freundliche Stille
Und das gnädige Nahsein vom Geist.
Verlösche den Wunsch, es schweige der Wille,
Engel, ich rufe Dich nicht – Du weißt.

Monica von Miltitz (Lit. 41)

ENGEL DER ENTTÄUSCHUNG

Dunkler Engel, wie oft
Tratest du mir vor das Ziel,
Das meine Wünsche,
Das Wünsche andrer umhüllten!

Und die bunten Schleier wichen,
Verwehten vor deinem Schritt,
Und kein Ziel war mehr da,
Und die Leere lähmte mich.

Ent-täuschender Engel –
Doch mit der Täuschung
Schwand mir auch *deine* Hülle.
Und da standest du,
Weiß leuchtender
Engel der Wahrheit
Und wurdest selber,
So nahe – so fern mir, das Ziel!

Und wieder, schwarzer Engel,
Und wieder – wann ragst du
Zum letzten Mal vor mir auf?
Todesengel!
Und deine letzte Hülle – Letzte Täuschung,
Aus der du mir aufsteigst,
Aus der du mich rufst in dein Reich?

Rudolf Treichler jun. (Lit. 60)

AN DEN ENGEL

Was tiefverborgen Dir entgegenreifte,
Ist süß geworden und für Dich bereit.
So tritt zum Baume: Es ist Erntezeit!
Ich fühle längst, seit mich Dein Atem streifte

Und sich Dein Glanz an meinen Wuchs verschwendet
Wie sich die Frucht vom Stamme lösen will –
Du rührst sie an. Da fällt sie selig-still
In Deine Hand und ruht in Dir vollendet.

Rudolf Meyer (Lit. 39)

SCHNITTERLIED

Abend hat die güldnen Gäule
von der Deichsel abgespannt.
Steht der Wagen vor der Scheune,
harrt der Knechteshand.

Silberengel schweben nieder,
lösen, heben, tragen wieder,
was die Sichel heute schnitt:
Weizen, Roggen, herbe Gerste,
Früchte, reif und schön.

Was an Gold im Erdenfeld,
heben Silberhände
hoch zum Sternenzelt.

Paul Bühler (Lit. 14)

MICHAEL

Es ründet sich der Kreis
Hoch über Zeit und Raum
Erfüllt ist bald der Sonnentraum
Und Leben wird, was ich bloß weiß.

Bald löst vom Körperbaum
Das Ich sich ab vom Reis,
Es treffen Sühne sich und Preis,
Gesiebt wird Kern vom Schaum.

Dir bin verpflichtet ich im Geiste
Du hoher Michael!
Sei gnädig mit der Waage!
Was ich vollbracht, ist nur gering –
Und schwer ist, was ich trage
Zum nächsten Lebensring.
Gib Du mir Kräfte, dass ich's leiste!

Konrad Sandkühler (Lit. 46)

Des Todes Schatten wird jetzt
Lang und länger,
Der sich behutsam auf mein Leben legt.
Die Zone der Berührung
Wird viel enger.
Und jener, der sich zu mir herbewegt,
Bleibt manchmal sinnend stehn
In großem Lauschen,
Auf jenen Ruf von oben: »Komm herauf!«
Dann darf ich endlich meine Hüllen
Tauschen
Und jener dunkle Vorhang tut sich auf.
Und dann? Und dann?
Werd ich sie sehn, die Sterne,
Erschaue ich der echten Sonne Licht?
Es spricht der Freund ermahnend: Lerne –
Erst mußt du lernen, wirklich schwach zu sein.
Dann siehst du mehr, als nur den Glanz der Sonne
Und Gültigeres als der Sterne Licht!
Du fühlst in dir unsagbar hohe Wonne,
Denn dann erschaust du Christi Angesicht.

Monica von Miltitz (Lit. 41)

Es nahte uns das schöne Werk des Herrn
Im weißen Kleid; des Angesichtes Spiegel
Erschien mir zitternd wie der Morgenstern …
Die Arme tat er auf und dann die Flügel,
Und sagte: Komm, da nah die Stiegen sind,
Und leicht ist uns der Aufstieg auf den Hügel.

Dante Alighieri (Lit. 16)

Ich gehe
mein Ebenbild zu treffen,
und mein Ebenbild
kommt mir entgegen:
es liebkost mich
und umarmt mich,
so als ob ich
aus der Gefangenschaft zurückkehrte.

Aus der Totenliturgie der Mandäer (Lit. 63)

In der Regierungszeit von Königin Victoria lebte ein Pfarrer, dem gelegentlich eine Vision gewährt wurde von den unsichtbaren Zeugen, die uns umgeben.

An einem Sommertag ging er eine Landstraße entlang, die über eine Brücke zu einer kleinen Stadt führte. Als er die Kurve in der Straße erreichte, die zur Brücke führte, hörte er ein verwirrtes Rufen und das Geräusch von Pferdehufen.

Er kam um die Ecke und sah, dass eine Metzgerkarre, führerlos, den Hügel hinab der Brücke zuraste, gezogen von ihrem verängstigten und panisch flüchtenden Pferd. Gerade als Pferd und Karre die Brücke erreichten, rannte ein kleiner Junge, dessen Eltern in dem Mauthaus wohnten, aus dem Tor direkt in den Weg des durchgegangenen Pferdes. Der alte Pfarrer beobachtete dies voller Entsetzen, während er weiter der Brücke zueilte und dem Kind eine Warnung zurief.

Dann, als er gebannt schaute, sah er im Sonnenlicht ganz deutlich eine in Licht gekleidete Gestalt, umgeben von unglaublichem Glanz. Die Gestalt beugte sich hinab, hob das Kind in ihre Arme und schaute auf das erfreute und lachende Gesicht.

Dann verschwand die Vision so schnell wie sie gekommen war; zu sehen blieben die Trümmer der Karre am Brückenpfeiler, das zum Halt gebrachte, schnaubende Pferd, und auf der Straße eine stille, regungslose Gestalt!

Benjamin Britten (Lit. 12)

DAS WISSEN DES ENGELS

Nun lasst mein Wissen euch entdecken,
Die ihr des Todes Macht erfuhrt,
Sein ernster Blick soll euch nicht schrecken,
Denn auch das Sterben ist Geburt.

Gequält von eures Schmerzens Wunde,
Wähnt ihr vollendet eine Bahn,
Schon aber hat zur selben Stunde
Ein Neues Tor sich aufgetan.

Aus eurer dunklen Sterbezelle
Führt euch der Sturm zum Himmel hin,
Ihr nennt es: Tod, ich nenn es: Schwelle,
Ihr nennt es: Ende, ich: Beginn.

Er geht dahin, das Licht zu grüßen,
Den ihr der Nacht verfallen glaubt,
Mit Blumen unter seinen Füßen
Und Glorie über seinem Haupt.

Henry von Heiseler (Lit. 28)

WANDERUNG

Die Wanderung beginnt.
Hörst du den Ruf?
Der Osten glüht
die Sonne im Westen
sinkt.
Dein Engel führt
dich sacht empor
zum Sternenort:
die Wanderung beginnt.

Hörst du den Ruf?
Ein Sternenklang
im Lebensschicksalsbuch
geleitet dich
zum Sonnenhort:
es geht zurück
durch Mondenurbeginn
durch Silberhellenglanz
geweihter Nacht,
weil du das Erdenbrot
dem Himmel bringst.
Dein Nachen schwankt
die Wanderung beginnt.

Horch!
»Gedankt sei dir«,
so spricht
der Liebe Sinn
aus Erdenschicksalsring,
»du warst mit uns
so bleibe,
für und für.«

Die Wanderung beginnt:
hörst du den Ruf?
Der Osten glüht
die Sonne im Westen
sinkt.
Dein Nachen schwankt
im Sternenstrom
Ein Engel führt
dich sacht empor
zum Sonnenurbeginn.
Du bist mit uns
du bleibst in Ihm
im Auferstehungslicht.

Die Wanderung beginnt.
Im Sternenlichtesschein

erbildet Schicksal sich;
das Lebensbuch
verliert nun Blatt für Blatt.
In Feuerlettern glüht
was du gesucht
was du getan
des Herzens tiefster Sinn.
Und alles kehrt zurück
zum Wortesurbeginn.

Die Wanderung beginnt.
Hörst du den Ruf
zum künftigen Geschick?
Der Osten glüht
die Sonne im Westen
sinkt.
Wir lieben dich.
Im Herzen lebst du fort
nach deinem Sternengang
als Geistesfeuerkraft
mit Michaels Wahrheitsschild.

Die Wanderung beginnt:
Der Christus
leite dich.

Hörst du den Ruf?
Der Osten glüht
die Sonne im Westen
sinkt.

Mario Betti (Lit. 7)

ENGELSGEBET

Fürsten der Ehre, lebendiges Licht, heilige Engel!
Tiefgeneigt vor der Gottheit,
lodernd in Sehnsuchtsgluten,
weil nimmer ihr euch ersättigen könnt
der heiligen Flamme, schaut im Geheimnisdunkel
der Kreatur ihr die göttlichen Augen.
Welch lichte Wonnen durchjubeln eure Natur,
weil nicht sie berührte die Untat des Bösen,
die aufstand in eurem Genossen, dem gefallenen Engel,
als über die innen verborgenen Zinnen der Gottheit
den Flug er wagte – und stürzte qualvoll hinab
in den Abgrund. Doch seines Falles Werkzeug
bot er in flüsterndem Rat
dem Gebilde von Gottes Hand (dem Menschen).

Preis euch, heilige Engel, Hüter der Völker,
deren Gebilde in eurem Antlitz sich spiegelt, Erzengel,
euch, die ihr die Seelen der Heiligen traget empor,
euch, Kräfte und Mächte und Fürstentümer,
Herrschaften, Throne, die zum Geheimnis
der Fünfzahl ihr schließt den heiligen Ring,
und euch, die Siegel ihr seid der Geheimnisse Gottes,
leuchtende Kerubim, flammende Seraphim,
Lobpreis sei euch!

Hildegard von Bingen (Lit. 29)

ZUM AUSKLANG

Gedanken hinterlassen Spuren im Gehirn.
Engel hinterlassen Spuren in Gedanken.

Manfred Krüger (Lit. 34)

Gott hat sich nach den bekannten imaginierten sechs Schöpfungstagen keineswegs zur Ruhe begeben, vielmehr ist er noch fortwährend wirksam wie am ersten. Diese plumpe Welt aus einfachen Elementen zusammensetzen und sie jahraus, jahrein in den Strahlen der Sonne rollen zu lassen, hätte ihm sicher wenig Spaß gemacht, wenn er nicht den Plan gehabt hätte, sich auf dieser materiellen Unterlage eine Pflanzschule für eine Welt von Geistern zu gründen. So ist er nun fortwährend in höheren Naturen wirksam, um die geringeren heranzuziehen.

Johann Wolfgang v. Goethe (zu Eckermann 11.3.1832)

Es bedarf der Mensch der innern Treue;
Der Treue zu der Führung der geistigen Wesen.
Er kann auf dieser Treue auferbauen
Sein ewiges Sein und Wesen
Und das Sinnensein dadurch
Mit ewigem Licht
Durchströmen und durchkraften.

Rudolf Steiner (Lit. 54)

VERZEICHNIS DER VERFASSER

Alberti, Rafael
Arp, Hans
Ausländer, Rose
Baker, Dora
Bauer, Walter
Betti, Mario
Boor, Lisa de
Britten, Benjamin
Bril-Jäger, Roswitha
Bühler, Paul
Chagall, Marc
Czeslaw, Milosz
Dante Allighieri
Diestel, Hedwig
Doldinger, Friedrich
Dubach, Ruth
Eadie, Betty Jean
Eggenhorn, Ylva
Goethe, Johann Wolfgang v.
Groothest, Rosel van
Güll, Friedrich Wilhelm
Hagelstange, Rudolf
Heiseler, Henry v.
Hildegard von Bingen
Joedicke, Gerhard
Kaleko, Mascha
Kierkegaard, Sören
Krüger, Manfred
Kurz, Paul Konrad
Lorek, Christel
Mallasz, Gitta
Metaxas, Brigitte
Meyer, Rudolf
Miltitz, Monica von
Novalis
Pietraß, Richard
Rilke, Rainer Maria
Sachs, Nelly
Sandkühler, Konrad
Schubert, Richard
Schütze, Alfred
Skácel, Jan
Steffen, Albert
Stehmann, Siegbert
Steiner, Rudolf
Stuhlmann, Ruth
Székely, Edmond Bordeaux
Thöns, Inge

Treichler, Rudolf (jun.)
Walser, Robert
Weber, Christian
Winkel, Gerhard
Zeller, Eva
Zimpel, Christina

LITERATUR- UND QUELLENANGABEN

1. Alberti, Rafael: Über die Engel. Gedichtzyklus. Stuttgart 1981.
2. Arp, Hans: Unsern täglichen Traum. Zürich 1995.
3. Ausländer, Rose: Ges. Werke. Frankfurt/M. 2000.
4. Baditz, Nora Stein v. (Hrsg.): Aus Michaels Wirken. Stuttgart ^{5}1983.
5. Baker, Dora: Des Lebens Dur und Moll. Dornach 1979.
6. Bauer, Walter: Klopfzeichen. Hamburg 1962.
7. Betti, Mario: Engel. Unterlengenhardt 1996.
8. Die Bibel.
9. Boor, Lisa de: Tröstung. Stuttgart 1963.
10. Bril-Jäger, Roswitha: Welt auf der Waage. Stuttgart 1981.
11. Bril-Jäger, Roswitha: Wege zur Mitte. München 1981.
12. Britten, Benjamin: The Company of Heaven. London 1990.
13. Buber, Martin (Übers.): Das Buch der Preisenden. Heidelberg oJ.
14. Bühler, Paul: … und wiesest mich zur andern Kraft. Dornach o.J.
15. Chagall, Marc: Zitate. Begleitblatt zu einer Ausstellung. Pforzheim 2003.
16. Dante Alighieri: Die Göttliche Komödie, 12. Gesang. Düsseldorf 1989.
17. Diestel, Hedwig: Einem fernen Ziel entgegen. Basel 1970.
18. Doldinger, Friedrich: Die Ewige Stadt. Stuttgart 1997.
19. Doldinger, Friedrich: Goldumglänzter im Feuergefährt. Stuttgart 1957.
20. Dubach, Ruth: Sonnenlauf. Dornach o.J.
21. Eadie, Betty Jean: Licht am Ende des Lebens. München ^{6}2000.
22. Eggehorn, Ylva: Rufe 2. Gütersloh. o.J.

23. Einiger, Christoph (Hrsg.): Die schönsten Gebete der Welt. München ^{5}1973.
24. Goethe, Johann Wolfg. v.: Hamburger Ausgabe. München 1981.
25. Grootheest, Rosel van: Privates Manuskript. (Erstveröffentlichung)
26. Güll, Friedrich: Kinderheimath in Bildern u. Liedern. Leipzig 1836.
27. Hagelstange, Rudolf: Die Engel. Meersburg 1988.
28. Heiseler, Henry von: Sämtliche Werke. Heidelberg 1965.
29. Hildegard von Bingen: Scivias. Freiburg 1997.
30. Joedicke, Gerhard: Tod – du bist das Leben. Borchen 1999.
31. Joedicke, Gerhard: Wüstenwanderung. Stuttgart 1985.
32. Kaleko, Mascha: In meinen Träumen läutet der Sturm. München 1977.
33. Kierkegaard, Sören: aus: Claudia Lavdan-Kattenbusch »Da kam ein Engel vom Himmel«. Berg.- Gladbach ^{2}1995.
34. Krüger, Manfred: Denkbilder. Stuttgart 1990.
35. Kurz, Paul Konrad: Ein großes Flügeldach. Hauzenberg ^{2}1993.
36. Lorek, Christel: aus: Kreuz der Rosen. Raisdorf 1986.
37. Mallasz, Gitta: Die Antwort der Engel. Einsideln ^{11}2001.
38. Metaxas, Brigitte: Privates Manuskript (Erstveröff.).
39. Meyer, Rudolf: Weltenherz. Gedichte. Stuttgart o.J.
40. Milosz, Czeslaw: Glaube, Hoffung, Liebe. Hrsg. Karl Dedecius. Darmstadt 1981.
41. Miltitz, Monica von: Die letzten Gedichte. Fellbach 1975.
42. Novalis (Friedrich v. Hardenberg): Werke. München 1978.
43. Pietraß, Richard: Letzte Gestalt. Warmbronn 1994.
44. Rilke, Rainer Maria: Die Gedichte. Frankfurt/M. ^{5}1992.
45. Sachs, Nelly: Fahrt ins Staublose. Frankfurt/M. 1991.
46. Sandkühler, Konrad: Wirken durch Worte und Klänge. Stuttgart 1986.
47. Schubert, Richard: Ich wohn' in einem Spiegel. Stuttgart 1972.
48. Schütze, Alfred: Tröstungen. Stuttgart 1941.

49. Skácel, Jan: Fährgeld für Charon. Gifkendorf [2]1989.
50. Steffen, Albert: Wach auf du Todesschläfer. Dornach 1941.
51. Stehmann, Siegbert: Brennende Jahre. Bielefeld [2]1983.
52. Steiner, Rudolf: aus: »Mitteilungen aus der Anthroposophischen Gesellschaft«, Nr. 91, Stuttgart 1976.
53. Steiner, Rudolf: Bausteine zu einer Erkenntnis des Mysteriums von Golgatha (GA 175). Dornach [3]1996.
54. Steiner, Rudolf: Wahrspruchworte (GA 40). Dornach [7]1991.
55. Stuhlmann, Ruth: Kreuzweg. Fellbach 1974.
56. Székely, Edmond Bordeaux (Hrsg./Übers.): Das Evangelium der Essener, Bd. 1-3. Frankfurt/M. 1977/78.
57. Székely, Edmond Bordeaux (Hrsg./Übers.): Die Lehren der Essener. Frankfurt/M. 1979.
58. Thöns, Inge: Bitterkraut. Stuttgart 1988.
59. Treichler, Rudolf (jun.): Rose der Jahre. Basel 1982.
60. Treichler, Rudolf (jun.): Stunde des Lichtes. Stuttgart 1992.
61. Walser, Robert: Das Gesamtwerk, Bd.3. Frankfurt/M. 1978.
62. Weber, Christian: Noch Zeit für Gedanken. Stuttgart 1987.
63. Wilson, Peter Lamborn: Engel. Stuttgart 1981.
64. Winkel, Gerhard: Spuren der Engel. Stuttgart 1993.
65. Zeller, Eva: Ein Stein aus Davids Hirtentasche. Freiburg/Br. 1992.
66. Zimpel, Christina: Privates Manuskript. (Erstveröffentlichung)

Wir danken allen Verlagen und Inhabern der Rechte herzlich für die freundlich erteilte Abdruckgenehmigung. Bei der Vielzahl der Beiträge ist es oft nicht möglich, die Urheberrechtssituation sofort eindeutig zu klären. Sollte sich deshalb bei einzelnen Beiträgen nach Drucklegung noch ein Honoraranspruch ergeben, so sind wir selbstverständlich gerne bereit, diesen zu den üblichen Sätzen nachträglich zu vergüten.